ALFAGUARA^{MR}

INFANTIL

ALFAGUARA INFANTIL^{MR}

ALFAGUARA MR
INFANTIL

VERSOS DE PÁJAROS

D.R. © del texto: Mireya Cueto, 2010
D.R. © de las ilustraciones: David Lara, 2010

D.R. © de esta edición:
Editorial Santillana, S.A. de C.V., 2014
Av. Río Mixcoac 274, Col. Acacias
03240, México, D.F.

Alfaguara Infantil es un sello editorial licenciado a favor
de Editorial Santillana, S.A. de C.V.
Éstas son sus sedes:

Argentina, Bolivia, Chile, Colombia, Costa Rica, Ecuador, El Salvador,
España, Estados Unidos, Guatemala, México, Panamá, Paraguay, Perú,
Puerto Rico, República Dominicana, Uruguay y Venezuela.

Primera edición en Santillana Ediciones Generales, S.A. de C.V.:
diciembre de 2010
Primera edición en Editorial Santillana, S.A. de C.V.: diciembre de 2014

ISBN: 978-607-01-2442-6

Impreso en México

SANTILLANA

Versos de pájaros

Mireya Cueto
Ilustraciones de David Lara

ALFAGUARA ^{MR}

INFANTIL

Los pájaros

En el alto pentagrama
de los cables citadinos
componen los pajaritos
melodías inventadas.

Tan libres como es el viento
—cuna que mece sus alas—
ellos confiados se lanzan
por los caminos del cielo.

En las verdes enramadas
encuentran sus alimentos:
las semillas, los insectos
y el agua que no les falta.

En el amplio firmamento,
en parejas o parvadas
alegres todos alcanzan
alturas de espacio abierto

con sus nubes y horizontes
y sus bellos panoramas,
con sus ríos y cascadas
azules lejanos montes.

El come moscas

De un pajarito yo sé,
el "come moscas" lo llaman
rapidísimo ha de ser,
pues a las moscas les gana,

redondos los ojos tiene,
vivarachos, muy alertas,
y gracias a ellos puede
cazar al vuelo sus presas.

Mosqueterito canelo

Mosqueterito canelo
es el nombre que le queda.
Mil mosquitos caza al vuelo
con rapidez y destreza.

A las altas ramas sube
donde moscos en enjambre
le siguen llenando el buche
y le van saciando el hambre.

El chorlito

El chorlito patilargo
vive en Cuba muy feliz
en las orillas de un lago
y en las resacas del mar.

Pesca allá y pesca aquí.
¿Cómo lo hace? Él sabrá.

Opinan del despistado:
"es cabeza de chorlito
y mejor no le hagan caso"
—yo no sé por qué será—.

Pesca aquí, pesca allá.
¿Cómo lo hace? Él sabrá.

El chorlito anda atareado.
No tiene un pelo de tonto.
De los chismes no hace caso.
Vive feliz, digo yo.

El gorrión

El gorrión pepenador
pepena las migajas
que se encuentra en la banqueta.
Vive de poco el gorrión.
    Tantito brinca.
    Tantito vuela.

En la ciudad con esmog
se las arregla el gorrión
para no morir de pena
en medio de la locura.
    Tantito brinca.
    Tantito vuela.

Entre el ruido de los coches
y el pitar de las sirenas
el gorrión anda muy listo
para conservar la vida.
    Tantito vuela
    Tantito brinca.

Si es invierno, si hace frío
tiene el gorrión buen abrigo
y su gorrito de plumas
para pasear en la acera.
    Tantito vuela.
    Tantito brinca.

Gorrioncito callejero
que nos alegras la vida
en calles grises y feas,
en tejados y azoteas.
Tantito brincas... tantito vuelas.

19

Cardenalito

Le dicen Cardenalito
por sus plumas bermellón,
Tlapaltototl su apellido
ésta es la traducción.

En náhuatl el rojo es tlapa
y totolotl pajarillo.
De otro modo así se llama
el rojo Cardenalito.

El colibrí

El vuelo del colibrí
es energía del sol
y de verde clorofila.
La colita le colibrilla.

Clava con sed el piquito
en el cáliz de la orquídea
y la miel zun zun zumba
en sus alas tornasoles
en sus plumas vediazules
en sus plumas rojisoles.

Las alas le zun zun zumban.
Vuela y vuela entre las flores.

Las golondrinas

Allá van las golondrinas,
van tijereteando el aire,
van libres por los caminos
de las grandes aventuras.
    De mar a mar.
    De cielo a cielo.

Van abriendo primaveras
por las nubes y los vientos
por los bosques y montañas
sin bultos y sin maletas.
 De mar a mar.
 De cielo a cielo.

Van a encontrar en los pueblos
los aleros campesinos
donde los nidos esperan
a sus alegres viajeras.
 De mar a mar... de cielo a cielo.

El cucú

Hay en la casa de la abuela
un reloj muy singular,
un lindo reloj de cuerda

de péndulo y de cadena
que le sirven para andar
con pasitos de tictac.

Las manecillas circulan
por segundos y minutos
obedientes sin parar.

De la casita de arriba,
cada hora muy puntual,
se abren las dos puertecitas

y aparece un pajarito
que se apresura a cantar,
cu cu cu cu pega el grito

y se va luego a encerrar.
Muy cumplidor nos enseña
a nuestro tiempo aprovechar.

Chara copetona

Doña Chara copetona
es de mucha sociedad.
De todo come gustosa
y de fiesta en fiesta va.

Muchas son ya sus amigas
que la invitan a pasear.
Todas son muy presumidas
y les gusta chismosear.

Mascarita mexicana

Mascarita mexicana,
pajarito muy gracioso,
lleva su nombre en la cara
y jamás está de ocioso.

Montones de insectos caza
y como él sus compañeros
se comen tremenda plaga
que amenaza al mundo entero.

El viento

El aire dueño del cielo,
escultor de nubes altas,
de nuestras vidas aliento,
camino de las palabras.

Viento que todo lo mueve
y cambia, arrebata y muda,
jugando las plantas mece
y los árboles desnuda.

En sus invisibles ondas
van y vienen melodías,
música, cantos y rondas
que nos alegran los días.

Todas las aves viajeras
se saben bien los senderos,
ida y vuelta en el planeta
por donde corren los vientos.

Por las rutas de los vientos
las mariposas Monarca
emigran cientos y cientos
hacia cálidas comarcas.

Ese viento tan travieso
a Luis le volteó el paraguas
a Juan le quitó el sombrero
a Luz le alzó las enaguas.

Mireya Cueto

Ha dedicado su vida a contar historias a través de sus libros y del teatro de títeres, como productora y directora. En 2006 recibió en España el Premio Gorgorito, galardón que se otorga a quienes han dedicado su vida al teatro de títeres. En 1982 su nombre apareció en la Lista de Honor de IBBY por el cuento "El traje del rey". Además es miembro honorario de la Unión Internacional de la Marioneta. En Alfaguara Infantil tiene publicado *El cuento más antiguo*, *La cigarra, la hormiga y el chapulín*, y *Francisca y la muerte y otros teatrocuentos*.

Esta obra se terminó de imprimir en diciembre de 2014
en los talleres de Edamsa Impresiones S.A. de C.V.
Av. Hidalgo No. 111, Col. Fracc. San Nicolás Tolentino,
Del. Iztapalapa, C.P. 09850, México, D.F.